AF562834

SÉANCE PUBLIQUE

DE

La Société centrale d'Agriculture,
Sciences et Arts d'Agen.

Précis

Des Travaux de la Société

Depuis sa dernière séance publique.

PAR

Mr de Saint-Amans

Secrétaire Perpétuel.

Agen,

P. Noubel, Imprimeur-Libraire.

1821.

SÉANCE PUBLIQUE

DE LA

SOCIÉTÉ CENTRALE D'AGRICULTURE,

SCIENCES ET ARTS D'AGEN,

Tenue le 20 Février 1821, dans l'une des Salles de l'Hôtel de la Mairie.

AGEN,

PROSPER NOUBEL, IMPRIMEUR-LIBRAIRE.

1821.

SÉANCE PUBLIQUE

De la Société centrale d'Agriculture, Sciences et Arts d'Agen.

PRÉCIS

DES TRAVAUX DE LA SOCIÉTÉ

DEPUIS SA DERNIÈRE SÉANCE PUBLIQUE.

Par M. de Saint-Amans, Secrétaire perpétuel.

Le mérite des hommes ne se calcule point, en général, sur le désir qu'ils ont de le mettre en évidence : ceux qui parlent le plus devroient être quelquefois plus discrets ; ceux qui font le plus de bruit de leurs prétentions devroient être souvent plus modestes.

Il en est à peu près ainsi des corps littéraires. Plusieurs, sans doute, placés sur de grands théâtres, brillent d'autant plus qu'ils se manifestent davantage ; mais ceux qui, dans une position moins favorable, ne peuvent aspirer à tant de succès, doivent, pour la plupart, borner leur

ambition à mériter, dans le silence, l'intérêt que réclament leurs utiles travaux.

La société d'agriculture, sciences et arts d'Agen, dès long-temps pénétrée de ces principes, n'a jamais multiplié ses séances publiques. Les membres qui la composent n'ont que bien rarement rappelé sous les yeux de leurs concitoyens les titres qu'ils pouvoient compter à leur indulgente bienveillance, et leur zèle ne s'est nourri le plus souvent que de ses propres résultats. Cependant il est des jours privilégiés où, s'oubliant eux-mêmes, ils doivent donner à leur réunion toute la publicité qui peut faire naître ou seconder autour d'eux une utile émulation. Tel est aujourd'hui le motif qui les rassemble dans cette enceinte. La société, heureuse d'avoir à décerner un prix dont l'objet est d'améliorer la culture du prunier-datte et la préparation de son fruit, va s'acquitter à la fois, dans cette séance solennelle, envers le citoyen généreux qui fit les fonds de ce prix, et concourir de tous ses moyens au perfectionnement d'une branche d'industrie agricole précieuse pour nos contrées. Autorisé par les fonctions que j'ai l'honneur de remplir, et profitant d'une occasion si favorable, j'oserai, en présence de cette assemblée, ramener les regards de la société sur ses derniers travaux. En voyant ce qu'elle a fait depuis une époque assez récente, elle pourra mieux se fixer sur ce qui lui reste à effectuer, pour justifier de plus en plus son zèle dans la triple carrière de l'agriculture, des sciences et des arts. J'esquisserai ce tableau le plus rapidement qu'il me sera possible.

J'arrêterai d'abord l'attention de la société sur les progrès de l'agriculture. Ces progrès sont lents, sans doute trop lents, mais cependant remarquables. Les prairies artificielles s'augmentent, les jachères diminuent, presque aucun lambeau de terrain n'est aujourd'hui sans travail et sans rapport. Les propriétaires riches commencent à placer dans la culture de leurs terres des capitaux qui ne se perdent jamais, et qui portent souvent de gros intérêts, fruits glorieux du travail, qu'on ne peut taxer d'usuraires. Les cultivateurs, encouragés par quelques bons exemples, se livrent maintenant plus volontiers à des essais auxquels ils se seroient jadis opiniâtrement refusés. Ainsi, la culture du blé-lammas s'est établie, une variété de maïs plus productive et plus précoce prend faveur dans nos campagnes, qui journellement s'enrichissent de quelque nouvelle production : on y voit même déjà paroître la culture de la garance. L'activité laborieuse des cultivateurs s'exerce dans tous les sens, et se manifeste sous tous les points de vue. Le transport des terres, ce moyen si puissant d'en augmenter les produits, qui ne s'opéroit naguères que dans un canton limitrophe des Landes, s'exécute aujourd'hui dans tout notre territoire, et plus que jamais du bas des vallons sur les coteaux.

M. le chevalier de Sevin-Talives vous a soumis, dans l'une de vos dernières séances, un modèle en petit d'une espèce de char, de construction fort ingénieuse, et qui paroît propre à remplir cet objet. M. Vernet, propriétaire, à Monflanquin, a inventé un procédé, à l'aide duquel on accélère aussi beaucoup ce genre de travail, si pénible et si coûteux par les voies ordinaires.

La société de Villeneuve vous a transmis des détails sur ce procédé fort simple, déjà consacré par l'expérience, et que l'auteur vous avoit communiqué il y a quelques années, avant de l'avoir perfectionné. Ces premiers fruits d'une industrie qui s'éveille autour de vous, seront sans doute propagés par les sociétés d'arrondissement dans toutes les parties de notre territoire. Si le commerce des denrées tardoit à reprendre son activité, d'aussi satisfaisantes améliorations pourroient à la vérité rester stationnaires; mais comme toutes celles dont le génie du siècle a produit depuis peu le développement dans les arts et les sciences, elles ne rétrograderont pas.

M. Achille de Raigniac, qui vient d'effectuer sous le rapport de l'agriculture, un voyage dans le département, vous donnera bientôt, à cet égard, des notions positives plus étendues.

L'existence du peuple rendue pénible par la cherté des denrées de première nécessité pendant l'hiver de 1817, vous offrit l'occasion de ramener l'attention des propriétaires ruraux sur la culture des pommes-de-terre. Vous publiâtes des instructions sur cette culture, vous fites connoître les avantages qu'on peut retirer de la plante qui en est l'objet, relativement à son emploi dans la panification. Vous fites plus encore : M. Mergoux venoit d'inventer une machine propre à râper les pommes-de-terre pour en extraire facilement la fécule, qui, jointe à une portion de farine de céréales, donne à un prix modique un pain de bonne qualité : vous fites construire à vos frais cette machine, qui fut ensuite imitée dans plusieurs communes où les subsistances étoient rares. Dans quelques autres, où les besoins étoient plus pressans, on employa les râpes ordinaires pour obtenir le même résultat; et ce procédé, quoique plus long, mais dont vous avez donné le signal, est toujours suivi, depuis cette époque, dans la plupart des communes du ci-devant haut Agenois.

(Le secrétaire ici suspend sa lecture, et s'exprime verbalement à peu près en ces termes : Je ne crains point, dit-il, de m'interrompre un instant, pour donner connoissance à l'assemblée d'un fait que le hasard vient de me faire découvrir, qui prouve combien les habitans des campagnes deviennent susceptibles d'adopter en tout genre les procédés utiles, et qui mérite l'intérêt de tous les amis de l'humanité. Il s'agit de la vaccine. On n'apprendra pas sans quelque surprise peut-être qu'une femme du village de Grands-Fonds, commune de Castelcuiller, près d'Agen, (la femme *Noirit*), vaccine journellement les enfans de ce village; que les mères de famille des environs von apprendre chez elle à vacciner, qu'elle leur donne du virus-vaccin, avec lequel ces bonnes mères vaccinent leurs enfans, même leurs domestiques, et que l'opération réussit parfaitement, ce que j'ai été à portée de constater. Un de nos confrères, ici présent, m'a dit qu'aux environs du Port-Sainte-Marie la vaccine s'établissoit aussi, et m'a cité l'exemple de deux garçons qui s'étoient vaccinés eux-mêmes. Ainsi cette salutaire pratique est sur le point de devenir vulgaire dans nos campagnes. Il ne m'appartient pas de juger si la femme *Noirit* mérite quelque encouragement de la part de l'administration supérieure; je ne dois qu'exprimer mon vœu pour qu'elle soit autorisée à s'adresser à un homme de l'art, zélé pour les progrès de la vaccine, duquel elle puisse recevoir, au besoin, du virus-vaccin de bonne qualité, dont elle peut se trouver souvent dépourvue.)

Après la nourriture, l'un des plus grands besoins du pauvre, paroît celui de recevoir gratuitement l'instruction usuelle, s'il est permis d'appeler ainsi celle qu'un emploi journalier rend indispensable à tous les membres du corps social. Vous l'avez, Messieurs, ainsi pensé, lorsqu'à l'aspect des encouragemens donnés par le gouvernement à l'enseignement mutuel, à la vue des sommes votées en sa faveur par le conseil-général du département, vous avez fondé à vos frais une école de ce genre à Agen, avec l'agrément de M. le Préfet et de M. le Maire, qui voulut bien faire mettre à votre disposition le beau local du Chapelet. A la faveur de cette méthode ingénieuse, qui, simplifiant les moyens de l'instruction, augmente ses produits, vous avez vu les enfans s'initier dans la lecture, l'écriture et le calcul avec une rapidité qui tient du prodige; vous les avez vu apprendre à aimer Dieu et le Roi; vous les avez vu s'imbiber pour ainsi dire, à leur insçu, des principes de religion, de morale, d'ordre et de justice, qui doivent les guider dans la carrière de la vie. Un pareil établissement, qui a servi de modèle à tant d'autres du même genre dans nos contrées, est peut-être l'un des plus grands bienfaits que la société puisse se féliciter d'avoir opéré dans la carrière qu'elle s'est tracée. Quel que soit aujourd'hui le sort de cette école, l'impulsion est donnée, elle est reçue, l'enseignement mutuel est établi sur tous les points du département où il prospère; le bien s'effectue, le but est atteint.

Je n'omettrai point de dire ici que vos observations sur le code rural ont été adoptées par le conseil-général du département; et qu'ayant été adressées par lui au Ministre de l'intérieur, celui-ci vous a donné des marques particulières de sa satisfaction dans une lettre à M. le Préfet, transcrite sur vos registres.

Dans toutes les occasions vous n'avez rien épargné pour vous montrer dignes de la confiance du chef de l'administration supérieure, lorsqu'il vous a fait concourir aux vues d'utilité publique vers lesquelles vous pouviez diriger vos travaux. Je ne rappelle point ici, sans doute, ces effets de votre zèle comme un mérite qui puisse vous être attribué ; mais comme un souvenir qui doit exciter dans votre cœur, pour ce magistrat, un nouvel acte de reconnoissance.

Vous avez répondu avec le même empressement à l'appel du gouvernement, sur les moyens d'encourager toutes les branches de l'agriculture et de l'économie rurale par des prix décernés aux cultivateurs, à l'*instar* de ce qui se pratique en Angleterre, avec tant de succès, pour le même objet. Les détails ajoutés par M. le Préfet à la circulaire ministérielle, éloignant toutes les difficultés qui pouvoient s'opposer à l'exécution d'une mesure si avantageuse, la société a délibéré d'affecter une somme pour assurer la réussite d'une pareille institution. Enfin, lors de l'établissement des sociétés d'agriculture dans les chefs-lieux d'arrondissement, vous avez vu dans les dispositions prises par le Ministre à ce sujet, et dans les moyens arrêtés par M. le Préfet pour les exécuter, une nouvelle preuve de l'intérêt qu'inspire au gouvernement le premier, le plus recommandable des arts. La société s'est félicitée de voir sortir de son sein des associations dont les membres avoient avec elle des rapports déjà établis, et qui désormais auront sans doute plus d'occasions d'utiliser leur zèle.

M. Auguste Mazet vous a communiqué un aperçu, sous le rapport historique et descriptif, du beau pays arrosé par le Lot, depuis Fumel jusqu'à Villeneuve. Vous lui êtes également re-

RÈGLEMENT

DE LA

SOCIÉTÉ D'AGRICULTURE,

SCIENCES ET ARTS

D'AGEN.

ARTICLE PREMIER.

LA Société a pour objet le perfectionnement de l'agriculture, l'amélioration des diverses branches d'économie rurale et domestique, et la publication des procédés dont elle a constaté l'utilité dans quelqu'une de ces parties.

Les sciences et les arts étant liés dans leur nature comme dans leur progrès, la Société en fait également l'objet de ses occupations et de ses recherches.

Elle prend en conséquence le nom de *Société d'agriculture, sciences et arts.*

ART. II.

La Société se compose d'associés résidants, dont le nombre peut s'élever jusqu'à trente-six; d'un même nombre d'associés non résidants, et de correspondants en nombre illimité.

ART. III.

La Société élit un président, un vice-président, un secrétaire et un trésorier, au scrutin secret et à la majorité absolue des suffrages.

ART. IV.

Le Président exerce la police dans la Société. Il porte la parole en son nom. Il rappelle à la question ou à l'ordre ceux qui s'en écartent; il met les questions aux voix et annonce le résultat des suffrages.

L'élection du Président se fait à la première séance de décembre de chaque année.

Ses fonctions ne durent qu'un an; il ne peut être immédiatement réélu.

ART. V.

Le vice-Président est élu à la même époque et pour le même espace de temps. Il remplit les fonctions du Président, lorsque celui-ci est absent; et, à son défaut, ces fonctions sont dévolues au plus ancien de l'assemblée.

ART. VI.

Le Secrétaire est perpétuel et inamovible; il tient le registre des délibérations et le tableau des associés, avec la désignation de la science ou de l'art auquel chacun d'eux s'adonne plus particulièrement; il recueille les papiers, mémoires et livres de la Société; transmet les délibérations aux membres absents qu'elles intéressent; il est chargé de la correspondance; dans chaque séance il inscrit le nom des membres présents; il rapporte les lettres, mémoires et autres objets qui ont été adressés à la Société, et les distribue aux membres désignés pour en faire le rapport.

Il peut demander un adjoint qui, à son défaut, le remplace dans toutes ses fonctions.

En cas d'absence du Secrétaire adjoint, le Secrétaire perpétuel qui ne peut assister à la séance, confie le registre à l'un des membres qui le supplée dans ses fonctions ordinaires.

Le Secrétaire adjoint a la même faculté lorsque, par l'absence du Secrétaire perpétuel, il se trouve dépositaire du registre.

ART. VII.

Le Trésorier est amovible ; il reçoit et conserve les fonds de la Société ; il ne peut décider seul aucune dépense ; il rend son compte à la fin de chaque année, et toutes les fois que la Société l'exige. Ses fonctions durent deux ans. Il peut être réélu.

ART. VIII.

Le Président, le vice-Président, le Secrétaire perpétuel et le Trésorier composent le bureau. Le bureau convoque les assemblées extraordinaires, régit les dépenses courantes. En cas de partage dans les délibérations, le Président a voix prépondérante.

ART. IX.

Les membres du bureau ne peuvent être élus que parmi les associés résidants.

ART X.

Le bureau ne peut délibérer que lorsqu'il y a au moins trois de ses membres présents.

ART. XI.

Les candidats sont présentés par un membre de la Société, avec un travail capable de faire apprécier leurs talents, ou de faire concevoir des espérances.

ART. XII.

La Société peut n'exiger aucun travail de ceux qui se sont fait un nom dans les sciences ou dans les arts, et de ceux qui ont été nommés pour représenter quelque canton dans la chambre d'agriculture. Cependant, même après après avoir été reçus membres de la Société, ils ne pourront faire part de notre section agricole qu'autant qu'ils appartiendront au premier arrondissement de notre département.

ART. XIII.

Le mode de réception est le même pour tous. Chaque candidat est proposé, ainsi qu'il est dit dans l'article précédent. Dix jours au moins après cette proposition il passe au scrutin, et il est admis s'il réunit en sa faveur les trois quarts des suffrages.

ART. XIV.

Les candidats sont prévenus de leur admission par une lettre signée du Président et du Secrétaire, accompagnée d'un extrait du registre et d'un diplôme d'associé.

Ceux qui sont admis en qualité d'associé résidant, signent l'original du réglement.

Les associés non-résidants, ainsi que les correspondants, doivent faire parvenir leur adhésion au règlement, dont il leur est adressé un exemplaire, en leur annonçant leur admission.

ART. XV.

Les associés non-résidants, lorsqu'ils assistent aux séances, ont voix délibérative dans toutes les questions, excepté celles qui ont rapport aux contributions, rétributions, dépenses à faire pour la société, et autres objets de cette espèce.

ART. XVI.

Les associés correspondants ont droit d'assister aux séances et d'y faire des lectures.

Chaque année, après le bureau formé, ou dans la séance suivante, on réglera l'ordre des lectures qui devront être faites par les membres résidants, dans les séances particulières de la Société jusqu'aux vacances, de manière que deux aient lieu par séance. Les membres seront désignés suivant l'ordre du tableau.

Un membre appelé par son tour de lecture pourra se faire remplacer par un autre membre.

L'associé qui aura manqué à son engagement sans excuse suffisamment motivée, sera d'abord rappelé à son exécution par une invitation du Président.

S'il y manque une seconde fois, rapport en sera fait par le Président à la Société qui prendra une délibération à ce sujet, laquelle sera transmise à l'associé par le Secrétaire.

Après un troisième manquement, l'associé sera considéré comme s'étant volontairement séparé de la Société.

La Société aura égard aux circonstances d'âge, d'infirmités ou d'éloignement qui pourraient se présenter en faveur de quelques-uns de ses membres.

ART. XVII.

La Société n'est responsable ni des opinions, ni des principes émis ou publiés par ses membres.

ART. XVIII.

Les opinions des associés sur quelque sujet que ce puisse être, sont recueillies par scrutin, après une suffisante discussion de la chose proposée.

ART. XIX.

La Société se réunit deux fois par mois en séance ordinaire, à des jours qui sont fixés dans la première séance de chaque année.

ART. XX.

Il y a tous les ans une séance publique qui se tient pendant la session du Conseil-général du département.

ART. XXI.

Le Président fait l'ouverture de chaque séance publique par un discours ou semonce, et le Secrétaire perpétuel fait le résumé des travaux de la Société, depuis sa dernière séance publique.

ART. XXII.

Tous les ouvrages ou mémoires qui doivent être lus aux séances publiques, sont examinés et désignés dans une séance particulière convoquée à cet effet.

Art. XXIII.

Le Secrétaire perpétuel convoque les membres de la Société, pour toutes les assemblées, par billet à domicile, à jour et heure fixes.

Art. XXIV.

Le bureau peut, quand il le juge convenable, convoquer extraordinairement la Société. Elle doit pareillement être convoquée extraordinairement, toutes les fois que la demande en est faite au Président, par quatre de ses membres.

Art. XXV.

La Société ne peut délibérer qu'au nombre de sept membres, au moins présents à la séance. En cas de partage, le Président a voix prépondérante.

Art. XXVI.

Les séances de la Société sont suspendues depuis le 20 septembre jusqu'au 20 novembre de chaque année.

Art. XXVII.

Afin de concourir plus efficacement aux progrès des sciences et des arts, et dans la vue d'exciter une émulation utile, la Société sollicitera tous les ans du gouvernement les fonds nécessaires pour décerner des prix : dans le choix des sujets de ces prix, elle fait en sorte qu'ils réunissent à un but d'utilité générale un intérêt particulier à ce département.

ART. XXVIII.

Elle reçoit dans le même objet les dons qui lui sont faits par les particuliers. Elle se conforme à leurs intentions tout autant qu'elles concourent au but que la Société se propose, et qu'elles n'offrent rien de dangereux ou de répréhensible en matière de religion et de gouvernement.

ART. XXIX.

Les prix sont distribués dans la séance publique. Si des raisons d'utilité ou de convenance exigent qu'ils soient distribués à une autre époque, la Société motive ce changement par une délibération , et fait connaître par la voie des journaux l'époque qu'elle a fixée.

ART. XXX.

Indépendamment des instructions particulières que la Société continue à répandre lorsque les circonstances l'exigent , elle publie périodiquement en entier ou par extraits les compositions que les membres lui communiquent dans ses séances particulières ou publiques.

Agen, Impr. de P. Noubel.

devables d'une notice dans laquelle il retrace l'anecdote des Cieutat, père et fils, qui ne sauroit être trop célébrée. Cette anecdote assez connue, se trouvant dans les *ana* de l'Encyclopédie méthodique, dans l'histoire de Marguerite de Valois, par Mongés, et ailleurs, je me contenterai de la mentionner ici.

M. Chauzenque vous a fait part d'un curieux mémoire qu'il a composé sur des ossemens fossiles trouvés dans la commune de Hautesvignes, et dans une couche de chaux carbonnatée-pulvérulente. Les échantillons de ces os joints au mémoire étoient trop fracturés, pour en faire l'application à aucune espèce particulière d'animal; on y a reconnu seulement plusieurs portions de la carapace d'une tortue étrangère à l'Europe, figurée dans le bel ouvrage de notre savant confrère Lacépède, sur les quadrupèdes ovipares, tom. I, pag. 171, pl. II, et que le célèbre baron Cuvier a toujours vu accompagner dans les carrières de Montmartre les animaux antédiluviens les plus rares et les plus singuliers.

Vous avez reçu sur les devoirs d'un médecin dans l'exercice de ses fonctions, un intéressant mémoire de M. Vincent, docteur en médecine, à Allemans-sur-le-Drot.

Des réflexions du même auteur sur la doctrine du docteur Gay, ainsi qu'un mémoire sur l'éducation physique et morale de la jeunesse.

Un précis sur le *Tétanos*, par M. Auguste Bonnet, médecin, à Duras, correspondant.

Des observatious médicales, par M. Garreau, médecin, à Beauville.

M. Albert vous a communiqué plusieurs pièces de vers imprimées et manuscrites, d'un genre piquant et gracieux, dans lesquelles vous avez particulièrement distingué celle qui a pour titre : *Mes adieux à la politique*, ou *Avis à bien des gens*.

Dans le nombre des bons ouvrages imprimés qui vous ont été adressés, je ne citerai que le choix de poésies originales des troubadours, en 3 volumes, par M. Raynouard; le grand dictionnaire chinois de M. De Guignes; le précis sur la vie de Réné, roi de Naples et comte de Provence, par M. le comte de Villeneuve, associé non résidant; la notice sur la Sainte-Baume, par le même; l'essai sur la nécessité de fixer et d'adopter un corps de doctrine pour la géographie et la statistique, par M. le baron de Ferrussac, correspondant; le mémoire sur la graisse des vins, par M. Herpin, correspondant, couronné par la société d'agriculture, sciences et arts de la Marne.

Les ouvrages suivans ont été lus dans les séances ordinaires de la société par les membres résidans.

M. Lafont-du-Cujula vous a fait part de son essai sur la guerre dite des Albigeois dans nos contrées.

M. Noubel a fait un rapport sur l'histoire d'Agis IV, roi de Sparte, d'après lequel M. Henri-Théodore Barrau, auteur de cet ouvrage, où l'érudition le dispute par-tout à l'éloquence, a été reçu membre résidant de la société.

Une notice sur l'opération hasardeuse de la symphyse, qui a parfaitement réussi, vous a été communiquée par M. Laffore.

Des recherches sur le meilleur emploi de l'eau courante, et des vues sur la réparation, ainsi que sur l'entretien des chemins vicinaux, vous ont été soumises par M. le chevalier de Sevin-Talives.

M. votre président a bien voulu vous communiquer une pièce de vers intitulée *la Solitude*, qu'il a composée dans un de ces instans où la suspension annuelle et fugitive de ses fonctions lui permet de goûter le repos de la campagne.

M. Duvigneau a fait présenter à la société une ode, ayant pour titre *le Camoëns*. Après la lecture de cette ode, dans laquelle un grand poëte est célébré par des vers que sa muse n'eût point désavoués, l'auteur a été admis au nombre des membres résidans. La société s'est ensuite félicitée de voir reparoître sur ses registres un de ces noms qui lui seront toujours chers, et qui lui rappellent dans les enfans, les droits que les pères lui ont acquis à l'estime publique.

M. Lille vous a transmis un manuscrit intitulé : *Examen de deux questions importantes d'économie politique*. Sur le rapport fait par M. Godailh, de cet ouvrage, où l'on trouve des aperçus d'un genre très-relevé, et le caractère d'un esprit familiarisé avec les discussions idéologiques, la société s'est empressée d'admettre M. Lille dans son sein en qualité de membre résidant.

M. Graulhié vous a lu un extrait de son travail sur l'ornithologie du département, contenant les articles du corbeau, du vautour et de la mésange.

M. Lafont vous a fait un rapport sur les compagnies d'assurance contre l'incendie, la grêle et l'épizootie.

M. le comte de Villeneuve, alors préfet du département, avoit déféré à votre examen un mémoire qui lui avoit été remis sur les moyens de prévenir les ravages qu'occasionnent les débordemens des rivières. Ce mémoire, d'abord égaré, retrouvé ensuite, a été l'objet d'un rapport de M. Chaubard. Après avoir prouvé par la théorie et l'observation contre l'assertion de l'auteur, revêtue d'une approbation imposante, que le cours des rivières, loin de creuser les vallées où elles coulent, tend au contraire à en exhausser le sol; après avoir sappé les fondemens du mémoire, en exposant la doctrine des plus célèbres géologues, sur-tout celle que Dolomieu et Deluc ont développée dans leurs ouvrages, M. Chaubard conclut contre l'opinion de l'auteur du mémoire, et démontre que les moyens qu'il propose ne peuvent être employés avec avantage contre le fléau qu'il voudroit prévenir.

Vous avez entendu la lecture d'une notice biographique sur M. le chevalier de Vivens, et qui a valu à son auteur une médaille d'or de la part de la société royale et centrale d'agriculture.

L'auteur de cette notice vous a également fait

hommage d'une dissertation sur les Nitiobriges, anciens habitans de l'Agenois, et sur les limites de leur territoire.

Il vous a pareillement communiqué une notice historique sur *Agennum*, et la fera suivre incessamment de deux autres : l'une sur *Excisium*, ou Eysses ; l'autre sur le véritable emplacement du palais de Charlemagne, nommé *Cassinogilum*. Chargé des recherches archéologiques à faire dans le département, il vous tiendra au courant de ses travaux en ce genre; il fera passer sous vos yeux les dessins de tous les objets qu'il recueillera, de tous les monumens soit antiques, soit du moyen âge, qui ont échappé au marteau des premiers chrétiens, à celui des Wisigoths, à celui des Normands, à celui de tous les fanatiques, de tous les barbares, qui, dans tous les siècles, ravagèrent l'Agenois.

M. Achille de Raigniac vous a soumis un mémoire sur l'agriculture du département. Après la lecture de ce mémoire, fruit d'une observation agronomique très-éclairée, et de plus accompagné de notes de la propre main de M. Yvart, l'auteur a été reçu avec empressement membre résidant de la société.

M. Barreyre, médecin-vétérinaire du département, vous a fait hommage d'un mémoire sur le vomissement dans les animaux monodactyles.

Il vous a pareillement adressé un essai sur le perfectionnement et la multiplication de la race bovine. Ces ouvrages, marqués au coin d'un zèle éclairé dans l'art vétérinaire, si étroitement lié à l'agriculture, ont mérité l'attention de la société. En admettant leur auteur au nombre de ses membres, sur le rapport qu'a fait M. de Raigniac du dernier de ces ouvrages, elle s'est assurée désormais une communication plus intime et plus générale de ses utiles travaux.

La botanique de nos contrées vous doit l'ouvrage dès long-temps attendu qui doit faciliter son étude, et que, sous vos auspices, la presse vient de publier.

Enfin, la poésie a continué de porter dans vos séances, le genre d'intérêt qu'elle est susceptible d'exciter. En exhalant de sublimes inspirations, elle a produit dans vos cœurs des émotions profondes; en employant des modulations plus douces, elle a répandu des fleurs nouvelles sur vos austères travaux.

M. Duvigneau a célébré, dans des odes pleines de verve, la toute-puissance du Créateur, les charmes de la vertu, le génie d'Homère, et celui du Camoëns. M. Hugon a chanté en vers harmonieux les tendres sentimens de la reconnoissance et de l'amitié, la gloire des jeux-floraux, et a fait d'heureux essais dans le genre de l'élégie.

Je ne saurois terminer ce précis, sans acquitter le tribut dû à la mémoire de M. Lamouroux, qu'une mort récente vient d'enlever à la société dont il fut l'un des premiers fondateurs.

Le simple aperçu de sa vie est le meilleur de tous les éloges qui puisse le recommander dans le souvenir de ses confrères et dans celui de ses concitoyens.

Claude Lamouroux, né à Agen en 1741, fit ses études au collége de Guienne, à Bordeaux. Plusieurs prix, remportés dans toutes ses classes, ayant consacré ses succès, il fut rappelé sous le toit paternel, pour s'instruire des élémens du commerce, à la profession duquel il étoit voué dès le berceau. Cependant il fit un voyage à Paris. Le goût des beaux arts dont il avoit reçu le germe avec la vie, se développa pendant son séjour dans la capitale. Ravi d'admiration à la vue des chefs-d'œuvre qui s'offrirent à ses regards, il se passionna pour les productions des grands maîtres, et acquit bientôt le tact du connoisseur en peinture, en musique, en architecture, sans négliger la littérature dont il suivoit assidument les cours ouverts au public. De pareilles jouissances ne pouvoient se prolonger au gré de ses désirs, sa famille y mit un terme; il revint à Agen pour y concourir à la direction d'une maison de commerce considérable, à la tête de laquelle il fut presque aussitôt placé. Son père, à la même époque, se démit en sa faveur de la charge de receveur des consignations du pays d'Agenois; c'est-à-dire, de l'Agenois et du Condomois réunis. On conçoit qu'un jeune homme, tel que l'étoit alors Claude Lamouroux, devoit trouver dans ces occupations d'un genre si différent, et qui lui étoient commandées, l'emploi de toutes ses forces et celui de tous ses momens;

mais dominé par la première, la plus impérieuse des vocations, il économisoit toujours quelque intervalle dans la journée pour augmenter ses connoissances, et prenoit souvent sur le repos de la nuit pour se livrer à l'étude des beaux arts, principalement à celle de la musique et de l'architecture. A cette époque, Argenton débrouilloit le cahos de notre histoire ecclésiastique ; Romas inventoit dans les plaines de Nérac le cerf-volant électrique ; Vivens, après s'être signalé dans la carrière de la physique et de la tolérance, écrivoit sur le commerce et l'agriculture de la province de Guienne ; et Lapoujade improvisoit ces vers charmans qui passeront à la postérité avec ceux des plus aimables de nos poëtes : Lamouroux, avec moins d'éclat, s'occupoit alors dans le silence. S'il n'aspira point à la renommée, il eut du moins l'occasion d'être, sous le rapport littéraire, utile à son pays. Lorsque, plusieurs années après, sept à huit jeunes-gens qui faisoient journellement de la musique ensemble imaginèrent de donner à leurs réunions un nouveau genre d'intérêt, et de mettre en commun les essais de leur émulation naissante, Claude Lamouroux, déjà lancé dans la carrière où ils désiroient de s'initier, dut moins se montrer leur égal que leur maître. La première lecture qu'il fit dans ces réunions d'abord et long-temps secrètes, où se jetoient les fondemens de notre société, fut celle d'une élégie d'Ovide, élégamment traduite en prose française, et qui se recommandoit comme la production d'une plume exercée. Cette traduction fut immédiatement suivie de celle du *Prince de Machiavel*, d'une nouvelle intitulée *Arsace*, *satrape de Sémiramis*, d'une épître sur l'*utilité d'un ami*, censeur sévère de nos écrits, et de quelques autres ouvrages marqués au coin de l'érudition et du bon goût.

Claude Lamouroux se distingua de même au sein d'une association célèbre, de laquelle il fut souvent élu le chef, et dont il retrouvoit les rites mystérieux dans le 6.e livre de l'Énéide. Il y signala toujours ses talens dans des discours où, sous le langage figuré des premiers initiés, brilloit la saine philosophie, qui n'est par-tout que la raison humaine appliquée à la recherche de la vérité.

Notre confrère, connu de ses concitoyens sous tant de rapports honorables, devoit être porté aux emplois publics à l'époque de la révolution. Il fut en effet, d'abord, officier municipal, ensuite maire de la ville d'Agen; et obtint en cette qualité l'honneur de la destitution, lorsque dix membres de la convention, calomniant le peuple, dont ils se disoient les organes, vinrent épouvanter nos contrées par les actes du plus affreux proconsulat. Claude Lamouroux a été depuis plusieurs fois juge et président du tribunal de commerce, maire du canton rural d'Agen, et membre du conseil-général du département.

J'ai déjà dit que la musique étoit l'un des beaux arts que feu notre confrère chérissoit le plus. Non-seulement il composa un mémoire sur la prosodie musicale et un essai sur la composition de la musique, dont on peut prendre connoissance dans le recueil des travaux de la société; mais il ne cessa de s'occuper de cet art dans le cours de sa longue carrière, et ne discontinua même d'en tracer les signes, que lorsque sa main débile refusa de le servir. La musique d'église, grave, majestueuse, favorisée dans ses effets par une langue accentuée et sonore, fut par lui toujours préférée. Les hymnes, les motets, les autres ouvrages de ce genre qu'il a composés, ont mérité les éloges des musiciens les plus célèbres, et se répéteront longtemps dans nos temples aux jours des grandes solennités.

Comme si rien ne devoit manquer à Claude Lamouroux, pour faire ressortir son rare mérite, la fortune n'oublia pas de lui faire éprouver ses revers. Il venoit de se livrer avec trop d'abandon, peut-être, à sa passion pour l'architecture, en élevant un vaste et magnifique édifice, qui va s'approprier, dit-on, au service public, lorsque la chute d'une branche de commerce, qu'aucun calcul ne pouvoit prévenir, qu'aucune spéculation ne pouvoit prédire, vint tout à coup porter dans ses affaires un trouble menaçant des plus ruineux résultats. Mais cet événement l'accabla bien moins qu'il ne releva l'énergie et la délicatesse de son caractère. Les sacrifices de tout genre, ceux qui devoient coûter le plus à ses goûts furent effectués, non pour réparer ses pertes, mais pour laisser à ses enfans l'héritage le plus précieux, celui d'un honneur exempt de tout reproche. Comme l'or dépouillé de son alliage sort plus pur du creuset, Claude Lamouroux sortit de cette épreuve plus considéré, plus vénéré de ses concitoyens, plus chéri de sa famille.

Ainsi notre confrère honora sa longue carrière par l'exercice de toutes les vertus publiques et privées : il fut un amateur éclairé des beaux arts, un homme de lettres très-estimable, et plus encore un homme de bien. La récompense d'une vie si méritoire l'attendoit sur-tout à son dernier jour. Il cessa de vivre dans les bras de sa respectable épouse et de ses enfans, dignes en tout d'un tel père : il s'éteignit comme un flambeau cesse d'éclairer, comme une flamme pure qui s'élève vers le Ciel, lorsqu'elle ne trouve plus d'aliment sur la terre.

RAPPORT

Présenté à la Société d'Agriculture, Sciences et Arts d'Agen, sur les Mémoires qui ont concouru pour la culture du Prunier-datte et la préparation de son fruit.

Par M. Achille de Raigniac, rapporteur de la commission.

Messieurs,

Quoique l'agriculture n'ait jamais cessé d'être le premier objet de vos travaux, vous ne pouviez depuis long-temps l'encourager que par vos écrits. L'instruction élémentaire ou d'autres emplois non moins utiles réclamoient et absorboient constamment les fonds mis à votre disposition. Forcés de suspendre les distributions de prix dont vous aviez senti toute l'utilité, vous hâtiez de vos vœux l'instant où il vous seroit possible de les rétablir. Cependant un gouvernement réparateur, convaincu des avantages que la France doit retirer du perfectionnement de son industrie rurale, multiplioit les sociétés d'agriculture, s'entouroit de savans célèbres, et invitoit tous les citoyens amis de leur pays à le seconder de leur zèle et de leurs lumières dans cette entreprise vraiment nationale.

Le département de Lot-et-Garonne ne devoit pas être des derniers à répondre à cet appel. Un de vos compatriotes, qui veut demeurer inconnu, mais qui, sous le voile dont il s'enveloppe, cachera difficilement au cœur des Agenois l'homme d'état dont ils reçurent tant de bienfaits, a proposé un prix à l'auteur du meilleur mémoire sur la culture d'un arbre qui nous appartient exclusivement, et dont le fruit devient un objet d'utilité et de luxe dans toute l'Europe. C'est avec une satisfaction bien douce que vous paierez un juste tribut de reconnoissance au citoyen qui fait un si noble usage de sa fortune, et qui, en partageant vos travaux, vous a mis à même de les rendre fructueux. On vous a annoncé que, ne voulant pas s'en tenir à ce premier encouragement, il vous offroit un nouveau prix à décerner l'année prochaine. Espérons que ce généreux exemple aura des imitateurs, et que l'émulation qu'il doit faire naître élevera bientôt ce département au rang de prospérité que lui promettent son climat et sa fertilité naturelle.

Vous avez aujourd'hui, Messieurs, à prononcer sur le résultat d'un concours formé sous de si heureux auspices, et sans doute vous êtes impatiens de savoir si votre attente et celle du fondateur auront été remplies. Je vais avoir l'honneur de mettre sous vos yeux le rapport de la commission que vous avez nommée pour examiner les mémoires, composée de MM. Lafont, Graulhié et Raigniac.

De cinq mémoires qui ont été remis à la commission, trois seulement lui ont paru mériter de fixer son attention : ils portent les n.os 3, 4 et 5. Les deux autres, savoir : le n.° 1, avec cette épigraphe : *En agriculture la théorie est nécessaire, la pratique est indispensable*; et le n.° 2, avec celle-ci : *Il importe à la prospérité de l'agriculture que les lumières de la théorie éclairent la marche de la pratique*, peuvent contenir quelques bons préceptes, et annoncent dans leurs auteurs des praticiens expérimentés; mais ils sont loin de remplir les conditions du programme; et d'ailleurs le style en est trop obscur et trop embarrassé pour soutenir le parallèle avec les trois autres. Ces motifs les excluant du concours, la commission a cru ne devoir vous présenter que l'analyse de ces derniers.

Le mémoire n.° 5, précédé de ces vers de Virgile :

Et sæpè alterius ramos impunè videmus
Vertere in alterius; mutatamque insita mala
Ferre pyrum, et prunis lapidosa rubescere corna,

se distingue principalement par beaucoup d'érudition et l'emploi que l'auteur y a fait des sciences naturelles. Physique, chimie, botanique, entomologie, tout a été mis à contribution : mais malheureusement les matériaux précieux qu'il emprunte à ces sciences, employés avec confusion et souvent sans nécessité, forment de son ouvrage un édifice trop peu régulier. Il auroit mieux valu que l'auteur eût été moins prodigue de ces richesses, et qu'il en eût fait un meilleur usage. Cette retenue, loin de lui nuire, lui auroit au moins évité quelques erreurs qui ont singulièrement diminué aux yeux de la commission le mérite de certaines parties. Il n'auroit peut-être pas avancé que *les chenilles pondent;* que les gelées ont lieu à deux degrés au-dessus de zéro du thermomètre de Réaumur. Cette dernière assertion ainsi énoncée ne peut présenter qu'une erreur inexcusable.

La partie purement pratique y est quelquefois mieux traitée; mais souvent, alors, c'est à sa mémoire que l'auteur en est redevable, comme à l'égard de la taille du prunier qui est tirée en entier de l'abbé Rozier, et qui malheureusement ne donne pas une idée assez exacte de celle qu'on fait subir au prunier-datte. Il indique plusieurs procédés trop minutieux pour être suivis, comme celui de recueillir les prunes sur des toiles, de frotter les arbres avec des brosses et de les laver avec diverses préparations, pour détruire la mousse et les lichens. Enfin, les résultats de ses expériences sont si loin de ceux de la pratique, qu'ils ne sauroient inspirer la confiance. Il avance que, *pour la cuisson de la prune, tout bois est bon pourvu qu'il soit sec;* tandis qu'il n'y a qu'une opinion sur l'avantage de l'emploi du bois vert pour colorer en noir les pruneaux, et leur donner une sorte de vernis qui en augmente la valeur. La préparation des fruits est en tout bien médiocre dans ce mémoire, et absolument inférieure à celle qui est exposée dans les deux suivans. C'est ce qui a déterminé la commission à ne lui donner que le second rang. Elle s'est fondée en cela sur ce que les soins qu'exige cette manipulation étant peu connus, et ne pouvant s'apprendre dans aucun ouvrage, les moindres notions propres à l'éclairer doivent l'emporter de beaucoup sur le traité de la culture du prunier, dont presque tous les élémens se trouvent dans les livres d'économie rurale.

Le mémoire n.° 3, précédé de cette phrase d'Olivier de Serres, *Si le prunier estoit autant rare comme précieux en est le fruit, il seroit rangé entre les choses les plus prisées des champs*, est écrit avec autant de simplicité que le précédent annonce de prétentions. L'auteur ne cherche point à s'appuyer de l'opinion des savans, et n'a pas travaillé dans une bibliothèque. Il pose en principe, *que la science de l'agriculture ne s'apprend que par la pratique, et que c'est dans le grand livre de la nature qu'on doit l'étudier.* Vous allez juger, Messieurs, s'il en est un bon interprète. Il ne reconnoît aucun avantage aux arbres venus de graine sur ceux venus de rejetons; il place les jeunes plants dans la pépinière à la distance de huit pouces; il prescrit d'émonder exactement les jeunes arbres à mesure qu'il sort des branches latérales de leur tige. Tous ces conseils sont contraires à la pratique des meilleurs pépiniéristes, et aux principes de physique végétale universellement adoptés. En général, la tenue des pépinières laisse beaucoup à désirer dans tous les mémoires. Presque tous leurs auteurs prescrivent l'émondage complet des tiges, et paroissent ignorer la taille en *crochet*, par laquelle on le remplace aujourd'hui avec raison. Il faut en excepter cependant ceux des n.os 3 et 5 qui ne sont pas tombés dans la même erreur.

La commission a lu avec plaisir les nombreuses observations que l'auteur du mémoire n.° 3 a recueillies sur la préparation des pruneaux. [illegible]: c'est toujours la pratique locale qu'il cite, et principalement celle des personnes qui réussissent le mieux. Pourquoi les autres chapitres sont-ils si fort inférieurs à celui-là, et pourquoi l'auteur a-t-il si peu soigné sa rédaction? Elle présente des défauts qu'il est difficile de faire passer pour des négligences. Néanmoins, si ce mémoire n'eût contenu que des fautes semblables, la commission auroit éprouvé de l'embarras, le mérite du style ne pouvant ici balancer celui du fonds; mais son choix est devenu facile lorsqu'elle l'a comparé au suivant, qui lui est supérieur sous tous les rapports.

Celui-ci qui porte le n.° 4, et qui a pour épigraphe :

> *O fortunatos nimiùm, sua si bona nôrint,*
> *Agricolas !*

renferme des principes plus sûrs et des faits mieux

discutés. L'auteur s'y montre fort instruit ; et cependant, prenant toujours l'expérience pour guide, il n'invoque la science que lorsqu'elle peut servir à expliquer les résultats de la première. Il réunit, et à un plus haut degré, les deux genres de mérite qu'on trouve séparés dans les deux précédens. Sans doute il est encore loin de la perfection ; mais la marche de l'auteur est sage ; et, s'il n'a pas toujours évité les erreurs dans lesquelles ses concurrens sont tombés, du moins il ne les adopte pas comme des vérités démontrées, et ne les défend pas par de faux raisonnemens. Enfin, il a mieux rempli les conditions du programme en traitant complétement des questions sur lesquelles les premiers ont passé légérement. Vous allez d'ailleurs en juger, Messieurs, par l'analyse de son travail et les passages que nous mettrons sous vos yeux.

Il entre en matière, en observant combien sont imparfaites les notions sur la culture du midi de la France, qu'on trouve dans les auteurs même les plus renommés ; puis il ajoute : « Un citoyen » illustre qui, dans ses hautes fonctions, n'a jamais » perdu de vue les lieux qui l'ont vu naître, s'occupe encore, dans ses nobles loisirs, de ce qui » peut le plus contribuer à leur prospérité. Il s'est » aperçu de ce besoin de notre agriculture, et il » cherche à le faire cesser par ses encouragemens. » Ses pieuses intentions, je n'en doute pas, seront » secondées par des agriculteurs habiles ; le but de » notre illustre compatriote sera rempli. »

Les descriptions du prunier-datte et de son fruit sont exactes et précises. L'auteur annonce une variété qui seroit plus précieuse que l'espèce généralement répandue. Voici comment il les caractérise l'une et l'autre :

« Le prunier-datte est un des plus élevés de ses » congénères. Sa feuille d'un vert tendre, dentée, » aiguë, lancéolée, est portée sur un long pétiole » ordinairement rouge. Le fruit oblong, renflé » vers le milieu, violet-rouge d'un côté, violet » rosé de l'autre, est couvert d'une peau parse- » mée de très-petits points, tantôt blancs, tantôt » noirs. La chair est jaune, éminemment sucrée, » d'un parfum relevé, que la dessication développe » d'une manière évidente. Le noyau ovale, aplati, » obtus, est adhérent à la chair par quelques » points latéraux.

» L'arbre se reconnoît à son port, par la dis- » position de ses branches à s'écarter et à se re- » plier en arc vers leurs extrémités ; aux boutons » à fruit très-rapprochés, à la feuille d'un vert- » olive, à l'écorce violette la première et la se- » conde année, lisse, d'un gris argenté mêlé de » violet dans l'état adulte. Lorsqu'il commence à » décliner, la feuille est plus pâle, plus petite et » plus rare. Alors la sève se distribue d'une ma- » nière inégale, certaines branches meurent, tandis » que d'autres poussent des gourmands. C'est ainsi » qu'il arrive à la vieillesse, en se dépouillant peu » à peu de tous ses rameaux ; et bientôt frappé de

» pourriture, couvert de plaies et de lichens, il » périt et vient alimenter nos foyers.

» Un examen attentif m'a fait reconnoître deux » variétés dans cette espèce. La première est la » plus commune : sa feuille plus lancéolée se ter- » mine du côté du pétiole, en se repliant sur elle- » même en forme de godet aplati ; son fruit est plus » allongé, et le noyau adhère à la chair par une » moindre surface. La seconde a la feuille plus » ronde, plus aplatie, le noyau plus rugueux ; le » fruit est bien plus gros, et se termine par un léger » mamelon vers le pédicule.

» La première de ces variétés est un peu plus » robuste : sa floraison est plus tardive ; elle résiste » par conséquent mieux aux intempéries de l'air, » et produit plus de fruit. Mais, quoique la seconde » soit un peu moins féconde, elle compense ce » mince désavantage par un fruit si beau, si charnu, » si succulent, que l'on ne balancera pas à lui » donner la préférence, lorsqu'elle sera mieux » connue.

» Quelle que soit, au reste, l'espèce dont on ait » fait choix, il est vraiment curieux de voir une » vaste plantation de cette nature, lorsque les ar- » bres sont dans leur jeunesse et le fruit dans sa » maturité. Alignés ordinairement en quinconce, » ils offrent un mélange de couleurs nuancées de » rouge, de violet et de vert. Les branches garnies » d'un chapelet de fruit jusqu'à leurs extrémités, » se replient en arc, ou s'abaissent jusqu'à terre.

» La vigne plantée dans ces alignemens, en relève » la perspective et l'embellit de sa verdure. Dans » les premiers jours du printemps, ce tableau prend » un tout autre charme. Les têtes arrondies de » nos arbres se couvrent d'une infinité de fleurs » qui les font ressembler à des boules de neige ; » peu à peu les feuilles leur succèdent, et nos plan» tations se trouvent métamorphosées par des gra» dations insensibles en des allées de verdure. C'est » ainsi que nos champs ornés tour-à-tour de cou» leurs différentes, couverts de fleurs et de fruits, » offrent à l'œil enchanté des tableaux sans cesse » variés et toujours agréables. »

Le choix de l'exposition la plus convenable à l'arbre qui nous occupe, est établi sur des considérations très-justes et fort bien développées : il est à regretter que celui du terrain n'ait pas été aussi bien discuté. « La meilleure exposition selon moi, c'est l'auteur qui parle, « seroit à l'est, sur une » pente douce, passablement élevée. Je voudrois » qu'elle fût dégagée, à une assez grande distance, » de toute espèce d'arbre à haute tige, et close par » un fossé large ou une haie vive. Je n'ignore pas » que l'arbre vient très-bien au *sud* et au *couchant*. » Cependant, si j'avois à choisir, je donnerois la » préférence après l'*est*, aux plateaux légérement » inclinés vers le *nord-est* ou le *nord-ouest*. On » sera sans doute étonné du choix que je fais ici ; » mais, avant de me juger, que l'on ne perde pas » de vue que nous vivons sous un climat méri-

» dional, où les étés sont chauds, secs et sujets
» aux orages. L'arbre situé vers le nord y fleurit
» un peu plus tard, et y court par conséquent
» quelques chances de moins d'être frappé des
» gelées blanches. Il s'y trouve plus à l'abri des
» vents brûlans du *sud-est* ou des ouragans de
» l'*ouest*, qui détruisent quelquefois et la récolte
» et les arbres. Si l'on m'objecte qu'on auroit à
» craindre le défaut de perfection dans la maturité
» du fruit, j'ose assurer que, loin d'avoir à redouter
» cet inconvénient, le fruit y acquiert au contraire
» une maturité plus parfaite. L'exposition du sud
» est moins favorable qu'on ne pense à la beauté
» du fruit, peut-être même à sa parfaite maturité;
» parce qu'il arrive souvent qu'au moment où la
» prune a besoin d'une sève abondante pour croître
» et mûrir, les chaleurs fortes et prolongées en
» arrêtent le développement. C'est au midi sur-
» tout que la sécheresse est extrême, et que le
» fruit reste petit, peu charnu, rougeâtre et d'un
» goût âpre, que la cuisson ne fait que développer.
» Ce phénomène a été très-apparent cette année. »

Il veut que chaque propriétaire ait chez lui une pépinière, afin d'éviter la fraude et de planter des arbres mieux conditionnés. La tenue de ces pépinières n'est pas très-bien traitée ; mais la plantation, les soins que les arbres demandent, la taille, l'emploi des engrais y sont parfaitement décrits, et offrent l'ensemble des meilleurs préceptes. A l'article de la plantation, il s'exprime ainsi :

« Lorsque l'on possède un terrain un peu vaste,

» je ne trouve rien de mieux que de planter, à de » grandes distances, des rangs doubles en vigne et » le prunier au milieu du rang. Pour que la pers- » pective en soit plus agréable, il faut que les arbres » soient alignés en échiquier. Je pense qu'une » plantation de ce genre réunit la somme la plus » forte et les chances les moins variables de revenu » que l'on puisse retirer d'un terrain. Lorsqu'une » de ces plates-bandes est ensemencée en blé, la » suivante doit être libre ou semée en menus grains, » et ainsi alternativement. On se ménage par ce » moyen toutes les facilités possibles pour les soins » à donner aux plantations; l'air y circule mieux » et le brouillard s'y fixe moins. Si l'on couvre le » champ de fumier ou de terreaux, alors le blé, » la vigne, les maïs, le prunier prospèrent à l'envi, » et tout concourt à augmenter le revenu du sol. » Outre cela la nature différente de ces produc- » tions fait qu'elles ne succombent pas toutes sous » les mêmes fléaux. Elles forment pour ainsi dire, » entre elles, une assurance mutuelle qui donne » au propriétaire une certitude d'un revenu à peu » près constant. » Vient ensuite la cuisson des fruits entièrement conforme à ce que l'expérience a fait connoître de mieux, et que nous exposerons plus loin.

Vous aviez demandé, Messieurs, si les fours ordinaires étoient convenables à la préparation des pruneaux; il étoit naturel de se prononcer pour l'affirmative, et c'est ainsi qu'ont répondu tous les autres concurrens. Celui-ci, frappé de l'avantage qu'il y auroit, d'une part, à économiser le combustible, et de l'autre à faire cuire une grande quantité de fruit à la fois, les premières ventes étant généralement les meilleures, a cherché à atteindre ce double but. Il propose la construction suivante : Deux fours ordinaires placés côté à côté, et séparés seulement par un petit fourneau, seroient surmontés d'une étuve. Du centre de la voûte de chaque four et de celle du fourneau s'élèveroit un tuyau qui iroit se rendre dans un autre tuyau horizontal placé à la partie supérieure de l'étuve, et faisant ainsi communiquer les deux fours entr'eux et avec le fourneau. Cette disposition établie, il suffiroit d'allumer le feu dans le fourneau pour chauffer en même temps l'étuve et les deux fours, en admettant avec l'auteur que la fumée descende par les tuyaux verticaux, ce qui peut très-bien ne pas arriver : du moins nous ne connoissons aucun appareil où les choses se passent ainsi. Il est bien vrai qu'on fait descendre la fumée dans certains poëles; mais en la faisant remonter ensuite par un tuyau plus long que celui qu'elle a parcouru en descendant. L'auteur attend beaucoup de cette construction, parce qu'elle permet d'utiliser, pendant la durée même de la combustion, la chaleur développée. Pour cela il suffiroit de laisser les prunes dans le four pendant que le fourneau seroit allumé ; mais la colonne de fumée qui se répandroit sur elles ne seroit-elle pas trop épaisse est capable de donner aux pruneaux un goût empyreumatique désagréable ? Il semble que, même en admettant la nécessité de la fumée pour obtenir la couleur noire, il y a bien loin encore de la petite quantité que le four peut en conserver dans la préparation ordinaire à celle qui le rempliroit dans celle-ci. Malgré les obstacles probables qui doivent s'opposer au jeu de cet appareil, on ne sauroit trop engager l'auteur à persister dans ses recherches. Peut-être vaudroit-il mieux se borner à employer la fumée ascendante pour chauffer l'étuve supérieure, en lui faisant parcourir un long circuit dans cette étuve, ou même en l'y faisant déboucher au besoin. Le fourneau deviendroit alors inutile.

Il a fait plus que vous n'aviez demandé, Messieurs ; il a encore enrichi son travail de deux chapitres sur l'estimation du revenu que les pruneaux procurent à ce département, et sur leur exportation. Quoiqu'on sache de combien d'erreurs les calculs de cette nature sont susceptibles, ils excitent cependant toujours l'intérêt, parce qu'on aime à y voir l'importance des objets appréciée d'une manière générale. Ceux-ci paroissent établis avec sagesse et mériter la confiance : vous serez curieux sans doute d'en connoître quelques résultats. On y trouve qu'un prunier-datte ordinaire donne, année moyenne, 16 livres de pruneaux ; que le prix moyen du quintal, pendant les trente années qui viennent de s'écouler, a été de 22 fr. 33 cent. ; ce qui porte le revenu de chaque arbre à

2 fr. 19 cent., après en avoir distrait tous les frais de préparation, et même la perte sur les autres récoltes que le voisinage de l'arbre occasionne; que la préparation d'un quintal coûte 6 fr., moitié en main-d'œuvre et moitié en combustible; que le département en produit 40 mille quintaux évalués à près de 900,000 fr.; enfin, que la plantation d'un terrain en pruniers en quadruple presque le revenu pour 25 ou 30 ans, durée productive de cet arbre. Vous apprendrez avec plaisir que nos pruneaux s'exportent aujourd'hui dans tous les royaumes du Nord, dans les deux Amériques, et dans les ports de la Méditerranée jusque sur les côtes du levant; qu'en France, ils obtiennent la préférence sur ceux de Tours et de Provence, et que par conséquent on ne doit pas craindre d'en voir augmenter la production, pourvu que les propriétaires redoublent de soins dans leur préparation, et qu'ils abandonnent les misérables fraudes qu'enfante un intérêt mal-entendu, dans lesquelles ils ne font souvent que lutter de ruse et d'adresse avec les petits marchands, et dont l'effet inévitable est d'éloigner l'étranger en détruisant la confiance.

Après vous être fixés sur le mérite respectif des mémoires présentés au concours, vous voudrez encore connoître les nouveaux faits qu'ils ont mis au jour, et à quel point les concurrens ont laissé les questions qu'ils avoient à résoudre. Au nombre des plus importantes est celle du sol qui convient le mieux au prunier-datte. Presque tous l'ont résolue d'une manière différente. Il est aisé de voir qu'ils n'ont pas assez étendu leurs observations, et qu'ils ont trop souvent pris pour règle générale ce qu'ils avoient remarqué dans leur localité. Ils ne s'accordent pas sur les avantages et les inconvéniens de la même qualité de terre. De cette variété d'opinions ne pourroit-on pas conclure que les espèces de terrains propres au prunier-datte sont plus nombreuses qu'on ne le croit généralement, et que sa culture peut facilement s'étendre, contre le sentiment de quelques concurrens qui, dominés par un esprit de monopole peu louable, prétendent qu'elle ne sauroit, *sans de graves inconvéniens*, franchir ses limites actuelles ?

A l'égard de la préparation des pruneaux, il paroîtroit que le meilleur procédé seroit de ne les cueillir qu'à leur parfaite maturité, de les tenir à l'ombre jusqu'au moment de commencer la cuisson, de les exposer la première fois à une chaleur très-douce, qu'on augmente ensuite graduellement chaque fois qu'ils sont remis au four, chauffé avec du bois vert, pour produire le plus possible de fumée et de vapeur aqueuse. La difficulté consiste principalement dans la graduation de la chaleur. Les résultats thermométriques que nous avons eu à comparer diffèrent trop pour oser en tirer une conclusion ; il faut nécessairement recommencer les expériences.

La plupart des concurrens pensant que le thermomètre ne pouvoit être d'un usage habituel, ont cherché à y suppléer par quelqu'autre moyen suffisant dans la pratique, quoique moins exact. L'auteur du mémoire n.° 4 nous paroît avoir trouvé celui dont l'application est la plus facile et la moins sujette à erreur. Il consiste à apprécier la quantité de bois nécessaire pour chaque fois en fraction de celle qu'exige la cuisson du pain : ainsi la première fois on chauffera avec le huitième de cette quantité, la seconde avec le sixième, et la troisième avec le cinquième. Ramenés par la comparaison des mémoires à citer celui qui porte le n.° 4, nous ne croyons pouvoir mieux terminer ce rapport qu'en rappelant l'éloge que l'auteur fait des pruneaux d'Agen. L'énumération de leurs propriétés précieuses ne peut manquer d'augmenter, pour l'arbre qui les porte, l'intérêt des habitans de ce département.

« Les pruneaux-datte possèdent des qualités intrinsèques qui les rendront toujours précieux aux » contrées qui ont été à portée de les apprécier. Ce » fruit, cueilli avant sa parfaite maturité, est légèrement acide, mais parfumé ; il est déjà meilleur » que la première qualité des pruneaux de Tours. » Parfaitement mûr, il possède un arome et un » principe sucré éminemment développés. Alors il » est présenté avec avantage sur les tables les plus » recherchées. Il est agréable à l'estomac, de facile » digestion, et aide même à celle des alimens gras. » Il sert dans le ménage à une foule de préparations. On le met à l'eau-de-vie, on le réduit en

» confiture, en tablettes, en pâtes, en compotes. » Dans le Nord on l'introduit dans presque tous » les ragoûts. Il passe facilement à la fermentation » spiritueuse, et produit une eau-de-vie très-» bonne. La médecine l'emploie avec avantage dans » un grand nombre de circonstances ; sur-tout » dans les convalescences, lorsque l'estomac affoi-» bli a besoin d'un principe nutritif, léger et » agréable ; dans certaines maladies chroniques, » où les moyens diététiques font partie essentielle » du traitement. Il devient vraiment curatif dans » le scorbut, où son principe mucoso-sucré pos-» sède toutes les conditions propres à la cure de » ce genre d'affection. Il sert de préservatif à » cette maladie dans les voyages de long cours, » et de correctif aux alimens salés dont les ma-» rins sont forcés de faire usage. Ce qui doit » sur-tout rassurer le propriétaire agenois, c'est » que son emploi n'est pas le fruit d'une mode » passagère ou d'une vaine opinion. Tôt ou tard il » sera reconnu combien les principes chimiques » qu'il contient doivent le rendre utile ; et je ne » doute pas que, dans le temps, la prune-datte ne » forme une partie essentielle des provisions nava-» les et des hospices. »

D'après l'analyse précédente, vous voyez, Messieurs, que si aucun des concurrens n'a complétement résolu les questions du programme, il résulte néanmoins de leurs travaux une somme de faits qui facilitent beaucoup leur solution, ou qui peuvent servir de guide dans les expériences à tenter pour y parvenir. Vous n'avez donc qu'à vous féliciter du résultat de, ce concours ; il fait voir que les personnes instruites commencent à diriger leurs méditations vers l'économie rurale qu'elles avoient jusqu'à présent trop abandonnée à la classe ouvrière. On peut tout attendre de ce mouvement, sur-tout lorsqu'il est provoqué et soutenu par les encouragemens des hommes que leur fortune et leur instruction placent au premier rang de la société. Il ne faudroit qu'un petit nombre de légers sacrifices pour réunir les meilleures notions, et faire éclore peut-être les meilleurs ouvrages sur la culture de ce département. Quelques années d'observations suffiroient, et vous ne pouvez manquer de bons observateurs, dès qu'ils seront dirigés par vos lumières et encouragés par vos récompenses.

Sur le rapport que vous venez d'entendre, la commission est d'avis de décerner le prix à l'auteur du mémoire portant le n.° 4, avec l'épigraphe :

O fortunatos nimiùm, sua si bona nôrint,
Agricolas !

Après la lecture de ce rapport, le secrétaire lit l'extrait du procès-verbal de la séance du 10 janvier dernier, dans laquelle le prix ci-dessus mentionné fut adjugé à M. Auricoste, médecin à Montignac, canton de Lauzun, département de Lot-et-Garonne et correspondant de la société.

Il fait également lecture du programme du prix mis au concours pour l'année prochaine, et qui a pour objet la question suivante :

Quelle est l'industrie agricole ou manufacturière, ou en même temps agricole et manufacturière, qu'il importe le plus de créer ou d'encourager dans le département de Lot-et-Garonne, et quels seroient les moyens d'atteindre le but proposé ?

Ce programme est distribué dans l'assemblée.

M. Lille lit ensuite des *Considérations idéologiques ;*

M. Hugon une élégie intitulée le *Jeune aveugle ;*

M. Barreyre des *Réflexions sur les moyens de donner à la médecine vétérinaire le degré d'importance qu'elle mérite.*

M. Duvigneau une ode tirée du livre de Job, sur le *Néant de l'homme.*

La séance est levée.

Nota. La société centrale d'agriculture, sciences et arts d'Agen, a délibéré de publier incessamment un traité sur la culture du prunier-datte et la préparation de son fruit, qui sera principalement basé sur le mémoire qu'elle a couronné, et sur d'autres renseignemens qui lui ont été transmis.

ERRATA.

Page 23, ligne 9, *gelées*, lisez *gelées blanches*.

Page 25, ligne 12, *supprimez* ces mots : *sous ce rapport il est probablement supérieur à tous les autres.*

Page 31, ligne 16, *au lieu* de maïs, *lisez* mars.

www.ingramcontent.com/pod-product-compliance
Lightning Source LLC
LaVergne TN
LVHW010107230826
846091LV00005B/2122

9782013732819